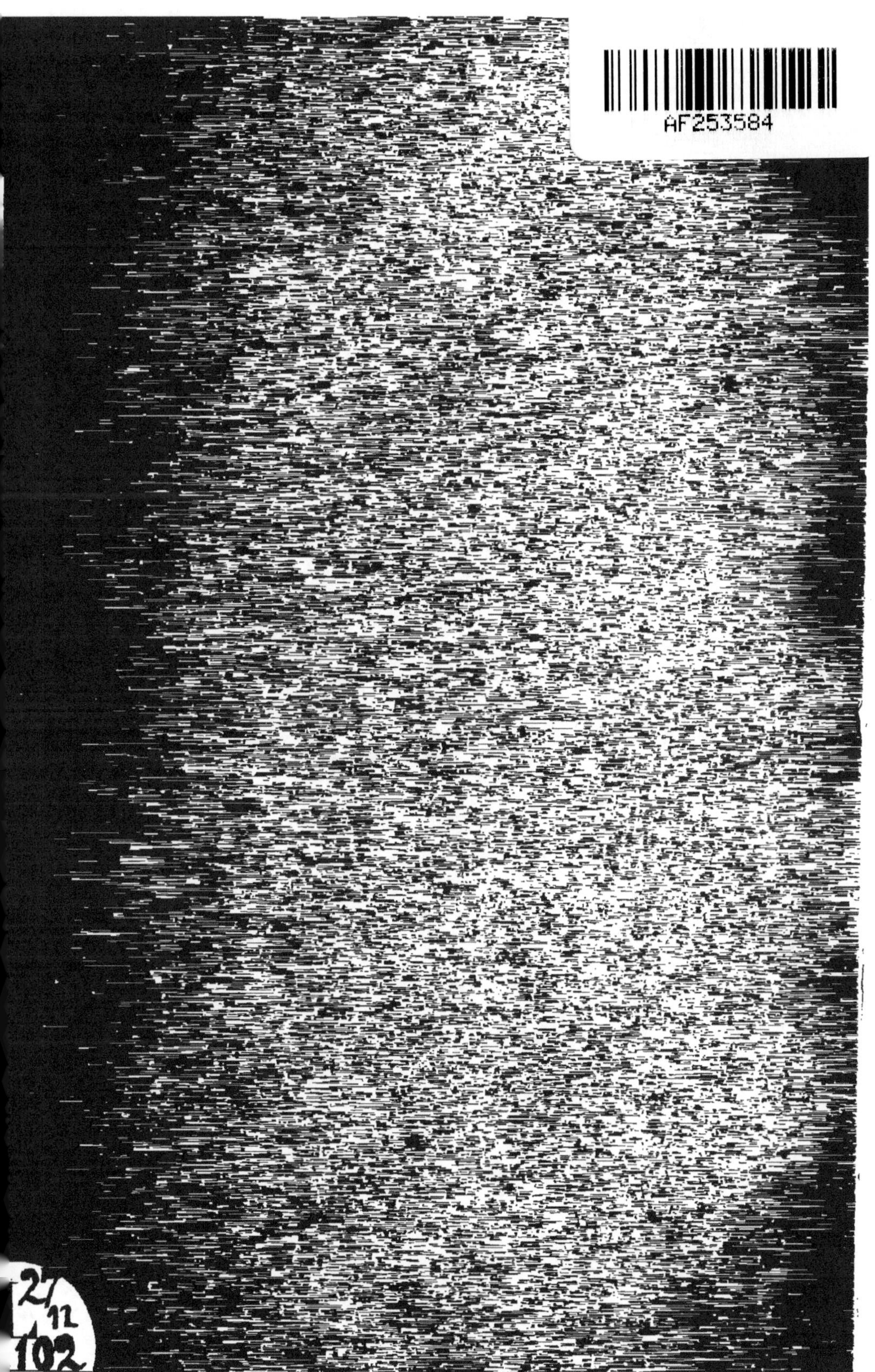

A MA SOEUR

# DOMINIQUE-MARIE

EN SOUVENIR DE SA VÊTURE

Le 29 mai 1869

Essaierai-je, en ce jour, un hymne, une prière
Pour vous ? Mais, tendre sœur, qui dirait mes accents ?
Ma voix est sans éclat, ma lyre trop légère
Ne sait que murmurer sous mes doigts impuissants.

Chantre ailé de nos bois, dans ta complainte amère.
Raconte au laboureur les charmes du printemps :
Et toi, gai passereau, réjouis la chaumière,
Quand l'hirondelle a fui devant les noirs autans.

Moi, si je veux chanter, lorsqu'un ange m'inspire.
Comme un enfant ému, je tremble, je soupire.
Par l'amour, le bonheur, tour à tour oppressé.

Muse, porte au moins, porte à ma sœur chérie
Tous mes vœux : car, son nom n'est plus *Félicité*.
Elle s'appelle en Dieu *Dominique-Marie !*

MA CHÈRE SŒUR.

Il y aura tantôt deux ans, vous m'écriviez : « Depuis longtemps déjà, une force mystérieuse, irrésistible, me poussait vers le cloître, et le monde, je l'avais pris en dégoût. Tout à l'heure, je me suis prosternée aux pieds de Marie, et en pleurant je l'ai suppliée de m'éclairer, une fois pour toutes, sur ma vocation ; c'en est fait, mon frère, je dois être religieuse. » Nous nous inclinâmes devant la volonté de Dieu : et, dans les premiers jours du mois d'octobre dernier, commença le sacrifice par la plus déchirante des séparations. Que de larmes ! que de sanglots ! Mon Dieu, pardonnez à notre douleur ! N'avez-vous pas pleuré, avant nous, près du tombeau de Lazare et dans la grotte de Gethsémani !

La Présentation de la Sainte-Vierge de Tours vous avait souri avec son gracieux vocable, sa robe blanche, la diversité de ses missions et la joie d'y trouver notre bien-aimée sœur, Marie-Bertrand. Accueillie avec une bienveillance que nous ne saurions oublier, admise comme postulante dans cette congrégation de votre choix, on vous vit vous lancer à pas rapides dans la voie de la perfection ; en peu de temps, vous aviez parcouru un long chemin, et l'on vous annonçait, de par Dieu, ô heureuse nouvelle ! que vous étiez novice et à la veille de prendre le saint habit.

Délicieuses coïncidences ! Tandis que la nature, encore embaumée des fleurs du printemps, commençait à s'enrichir des fruits de l'été, au moment où le mois de Marie s'achevait pour faire place au mois du Sacré Cœur, alors, comme entre un baiser du fils et de la mère, s'est levé pour vous un beau jour.

Le 29 mai, à sept heures du matin, dans la pieuse église où vous avez reçu le saint baptême et fait la première communion, sur l'autel de Notre-Dame, en présence d'une foule de parents et d'amis, j'avais le bonheur de célébrer pour vous la sainte Messe ; ainsi, le bon Dieu me dédommageait de n'avoir pu, à cause de mes apostolats, assister à votre vêture. A la même heure, au même moment, nous nous figurions vous voir debout dans votre chapelle, avec plusieurs de vos compagnes, parée comme une épouse qui va recevoir son époux, et entendre ce solennel dialogue : « Que demandez-vous ? — Je demande la miséricorde de Dieu et la grâce d'être admise au nombre des sœurs de la Présentation. — Ma fille, êtes-vous suffisamment instruite des règles de la communauté? — Oui, je les connais, et j'espère, avec le secours d'en haut, être soumise à mes supérieurs et remplir fidèlement les

devoirs de sœur de charité. — Alors, prosternez-vous...
renoncez au monde, à votre pays, à votre famille, à vous-
même... Levez-vous; vite, rejetez, comme un vain embarras,
les ornements de l'esclavage, ainsi que le disait Tertullien aux
vierges de son temps, et revêtez-vous des saints ornements
de la liberté ; ou plutôt, laissez Jésus, lui-même, vous mettre
de ses mains invisibles la livrée de ses chastes épouses... C'est
fini ! »

Voilà donc, ma chère sœur, que vous avez repoussé le
monde avec dédain, pour vous jeter avec confiance entre les
bras de l'Eglise. Je vous en félicite ; qu'a-t-il, en effet, le
monde, qui soit digne de vous et que vous puissiez regretter ?
Ses plaisirs ne sont que peines, ses splendeurs que hochets,
ses gloires que fumée, ses ambitions que folie, ses espérances
que déception ; et ses plus aveugles adorateurs eux-mêmes
finissent par s'en lasser. « Je commence à m'apercevoir, a dit
un profond poète, que dans ce monde damné il n'y a de bon
que la vertu. Je suis las du plaisir dont j'ai goûté toutes les
variétés. » L'Eglise, au contraire, le cloître vous réserve,
déjà dès cette vie, sans compter les promesses immortelles,
une gloire, une paix et des joies sans mélange. En voyageant
en Afrique, dans cette terre fameuse par tant d'illustrations,
je rencontrai une antique chapelle qui avait, au-dessus de sa
porte, cette simple inscription : *Pax intranti*, paix à qui
entre. Figurez-vous, dans l'intérieur, une fraîcheur agréable,
quelques plantes vigoureuses, du calme et du mystère ; à
l'extérieur, une chaleur étouffante, de hideux reptiles, la
tempête et du sable mouvant. Eh bien, ce pieux sanctuaire,
au milieu du désert, c'est l'image de la vie religieuse, dans le
siècle.

Le monde est une prison, dont vous détestiez l'agitation
fiévreuse, la servitude et la petitesse ; il faut à la colombe de
l'air, de l'espace à la fois et de la solitude. Votre pays, voilà

qui est plus digne de vos regrets, votre pays avec la fertilité de ses champs et la magnificence de ses montagnes, avec l'élévation de ses sentiments et l'enthousiasme de sa foi ; en le quittant, je vous ai vue vous retourner souvent pour le saluer, et vous cachiez vos larmes ! Mais, ma chère enfant, vous ne le reniez pas plus que Jésus ne renia Nazareth, en accomplissant sa mission divine à travers la Judée ; seulement, pour vous comme pour lui, l'horizon de votre patrie s'est étendu au loin. De même que le précepteur de je ne sais quel roi de France, ayant conduit son jeune élève à une des fenêtres du palais de Versailles : « Prince, lui dit-il, tout ce que vous pouvez apercevoir, à l'orient et à l'occident, au midi et au septentrion, et encore bien au-delà, est à vous. » Ainsi, le Seigneur vous élevant au-dessus de l'humanité, ma fille, votre patrie désormais n'est plus seulement ce coin de terre où vous êtes venue au monde, non, c'est la France, c'est l'univers, c'est le ciel.

Sainte Thérèse nous avoue qu'elle sentit ses entrailles se déchirer au moment où elle s'arracha des bras de son père ; et sainte Chantal, que ne dût-elle pas éprouver, lorsqu'elle passa sur le corps de ses enfants, pour s'en aller dans le cloître ! En effet, quitter, pour ne plus les revoir peut-être, le berceau où nous avons reçu de si tendres baisers et de si doux balancements, la maison qui a été le théâtre de nos premiers jeux et de nos premiers sourires, un père, une mère, des frères que nous aimons de toute notre âme et qui nous le rendent, quel sacrifice pour un cœur bien né ! Avant que vous ne l'ayez accepté, réalisé, que vous devez avoir combattu et souffert, vous si aimante, vous si aimée dans la famille ! Mais vous aviez lu dans l'Evangile : « Si quelqu'un aime son père et sa mère plus que moi, il n'est pas digne de moi. » Et ceci : « Ce que je suis venu apporter sur la terre, ce n'est pas la paix, c'est le glaive, et je séparerai le père de son fils et la mère de sa fille. » Du courage, ma sœur ! vous gagnez beaucoup à suivre ce conseil sévère : sans compter que vous vous montrez sublime, au lieu d'une famille, vous en aurez deux. Celle dont vous avez si généreusement consenti à vous séparer, il ne se passe pas un jour qu'elle ne pense à vous, qu'elle ne prie pour vous, et Dieu ne vous défend pas de le lui rendre ; celle qui aujourd'hui vous adopte pour son enfant, vous charmera par le rare spectacle d'un même cœur, d'une même âme et des mêmes aspirations ; dans l'une et dans l'autre, avec la même tendresse, on vous dira *ma fille et ma sœur.*

« Que celui qui voudra me suivre se renonce lui-même et porte ma croix, c'est-à-dire qu'il fasse abnégation complète de son amour-propre, de ses goûts, de ses inclinations les plus chères, qu'il ait le courage de se laisser broyer par l'épreuve, assuré que son sang se mêle au mien et que par là il participe à la rédemption du monde. » Tel est, ma bien-aimée sœur, le dernier, le plus pénible et le plus nécessaire renoncement que le Maître exige de ses vrais disciples et de ses vraies épouses. Oui, Notre-Seigneur Jésus-Christ est un Dieu et un époux jaloux qui vous veut sans partage ; votre âme, votre intelligence, votre cœur, toutes vos facultés, il entend que tout cela soit son bien, sa propriété, et que, par des efforts persévérants, vous arriviez à ne faire qu'un avec lui, à conformer entièrement votre vie à la sienne. Ce qu'il vous demande avant tout, ô sœur de charité, c'est la charité. Voyez-vous ces crèches et ces orphelinats, ces asiles et ces écoles, ces ouvroirs et ces hôpitaux ? Quelle est celle de ces missions où vous pensez que le Seigneur vous appelle à déployer votre dévouement et à répandre votre vie ?

Vos supérieures, sans doute, n'auront pas été sans remarquer vos aptitudes singulières pour l'enseignement. Tant mieux ! Car, si toutes les fonctions de la vie religieuse méri-

tent nos respects, parce qu'elles sont divines, celle-ci me
paraît la plus utile, dans ces temps de lutte, la plus capable
de contribuer au triomphe de l'Eglise. Connaissez-vous ce
mot d'un penseur célèbre : « J'ai toujours cru que, s'il y avait
un moyen de réformer le genre humain, ce serait par l'éducation ; » et celui-ci : « L'éducation est la pierre fondamen-
tale de la société ; avec elle, on est maître de l'avenir ! » En
effet, elle est la racine où l'on puise la sève de sa vie, la source
où l'on boit à longs traits le bien ou le mal. L'âme et le cœur
des enfants ressemblent à ces jeunes tiges, à cette cire molle,
où il est facile d'imprimer la forme que l'on veut : à vous donc,
ma chère sœur, d'y étouffer dans son berceau tout mauvais
penchant et d'y semer le germe de toute vertu. Un jour,
comme un enfant jouait dans une prairie, étant tombé en
extase, ses petits camarades le couvrirent de fleurs ; il s'éveilla
sous ce brillant manteau, et plus tard il devint un grand saint.
Vous aussi, mettez tout votre zèle à jeter sur vos enfants les
fleurs du ciel, la rose de la piété, le lis de la pureté, la violette
de l'humilité et l'immortelle de la persévérance, qui, arrosées,
fécondées par la grâce, se changeront en fruits délicieux,
magnifiques.

Ces choses, d'autres avant et mieux que moi vous les ont
dites : et vos vénérables directeurs, qui possèdent à un si haut
degré les qualités les plus précieuses d'une sage direction,
l'expérience, le talent et la vertu ; et vos excellentes mères,
celle surtout qu'un heureux mélange de douceur et de fer-
meté, de distinction et de simplicité, de délicatesse de cœur
et de finesse d'esprit, désigna au suffrage de tous pour le gou-
vernement général de votre nombreuse congrégation. J'ai
estimé, toutefois, qu'il était de mon devoir de prêtre et de
frère de vous rappeler ces conseils ; il m'a fait plaisir, n'ayant
plus rien à vous donner, de vous donner ma pensée la plus
intime et la plus sainte, comme un nouveau gage de mon

amour fraternel. Dites-moi, ô fiancée de Jésus-Christ, ai-je réussi à vous faire bien comprendre le sens et la grandeur de votre sacrifice ?

Ce qui vous reste à faire maintenant, le savez-vous ? Les anciens nous parlent d'un oiseau d'Arabie, unique dans l'univers et consacré au soleil, le phénix. Il est magnifique par sa taille et son plumage ; devenu vieux, il se construit un nid avec des branches odiriférantes, pour y mourir et renaître de ses cendres. — Le phénix, disent d'autres auteurs, ne vit que des larmes de l'encens et des sucs des parfums ; après avoir rempli sa longue carrière, il monte sur un bûcher et y finit sa vie au milieu des aromes. Le pape saint Clément a vu là un signe merveilleux, *signum mirabile*, le signe de la résurrection ; pour ma part, j'y vois le signe de votre noviciat, qui n'est qu'une résurrection de tous les jours, de tous les instants. Montez donc sur le brasier de l'amour de Dieu, environnée de tous les parfums célestes, et ne craignez point : vous brûlerez sans souffrance, parce que vous brûlerez avec amour. Dès que vous serez morte, au milieu de ces flammes embaumées et rafraîchies par les anges, vous renaîtrez avec gloire, dépouillée de toute imperfection, revêtue de Jésus-Christ et digne de vous unir définitivement à lui par des vœux solennels. Pour accomplir cette œuvre de transformation spirituelle, il faut moins d'extraordinaire que de persévérance ; il faut que si, à chacun de vos actes, même le plus indifférent, on vous demandait : Que faites-vous ? Vous puissiez répondre, comme un peintre célèbre : *Pingo ad æternitatem*, je travaille pour l'éternité, je sculpte le chef-d'œuvre de la sainteté chrétienne, je prépare ma profession religieuse.

Toulouse, ce 30 mai 1869.

D. DUFOR.

Toulouse. — Typographie L. Hébrail, Durand et Comp.

www.ingramcontent.com/pod-product-compliance
Lightning Source LLC
Chambersburg PA
CBHW051440060726
47596CB00006B/2566